CIENCIA ABIERTA
Las mujeres en la química

Escrito por Mary Wissinger
Ilustrado por Danielle Pioli

Creado y editado por John J. Coveyou

Science, Naturally!
An imprint of Platypus Media, LLC
Washington, D.C.

¿De qué está hecho el mundo?

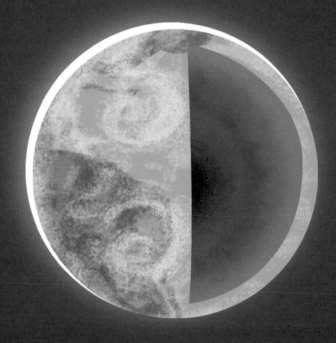

¡Esa es una muy buena pregunta! Una que los seres humanos se han hecho durante miles de años.

Balanza

En los tiempos antiguos, la alquimista Cleopatra aprendió sobre el mundo elaborando experimentos en los cuales pesaba objectos y tomaba medidas de la materia. La materia es todo lo que podemos pesar y ocupa espacio.

Cleopatra también intentó convertir metales ordinarios en plata y en oro. Aunque fallo en el intento, ella fue una de las primeras mujeres en el mundo en estudiar la química.

(Egipto, Siglo I)

¿Qué es la química?

La química es la ciencia que estudia la materia y los cambios a los que se somete. ¡También podrías decir que la química es la ciencia que estudia las cosas y su funcionamiento!

Desde el aire que respiras hasta las células de tu cuerpo, la materia y la química están en todos lados. Toda la materia en el universo está hecha de tres diminutas partículas: protones, neutrones y electrones.

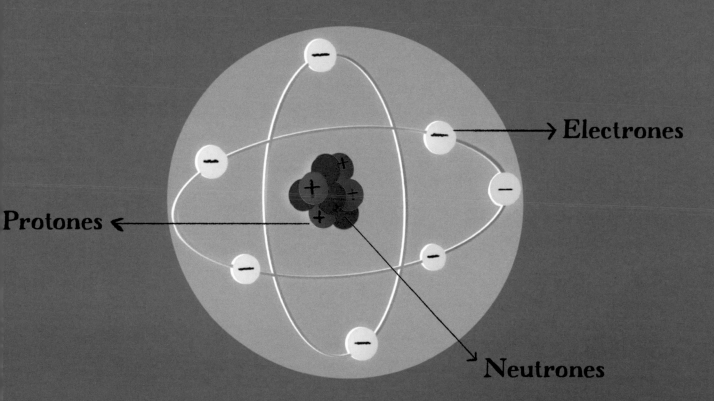

Electrones

Protones

Neutrones

¿De verdad? ¿También yo?

Oxígeno

Hidrógeno

¡Sí! Los protones, neutrones y electrones se únen para construir muchos tipos de átomos. Imagínate a los átomos como los ladrillos de construcción de todo lo que hay en el universo.

Berilio

Nitrógeno

Helio

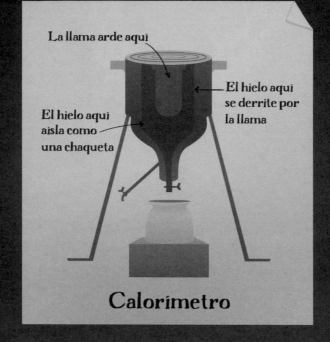

Calorímetro

La llama arde aquí

El hielo aquí se derrite por la llama

El hielo aquí aisla como una chaqueta

Los grupos del mismo tipo de átomo se llaman elementos. Marie-Anne Paulze Lavoisier ayudó a escribir sobre ellos en el primer libro de texto de química moderna. Sus dibujos demonstraron cómo funcionan los experimentos en la química. El libro también tenía una lista de elementos como el oxígeno, el hidrógeno y el carbono, los cuales se encuentran en la tabla periódica actual.

(Francia, 1758–1836)

13

¿Qué es la tabla periódica?

La tabla periódica es un diagrama que organiza todos los elementos.

Igual que los libros en una biblioteca tienen un lugar especial, cada elemento tiene su propio lugar y símbolo en la tabla periódica. Los elementos están alineados por el número de protones que tienen y están divididos en columnas según sus características.

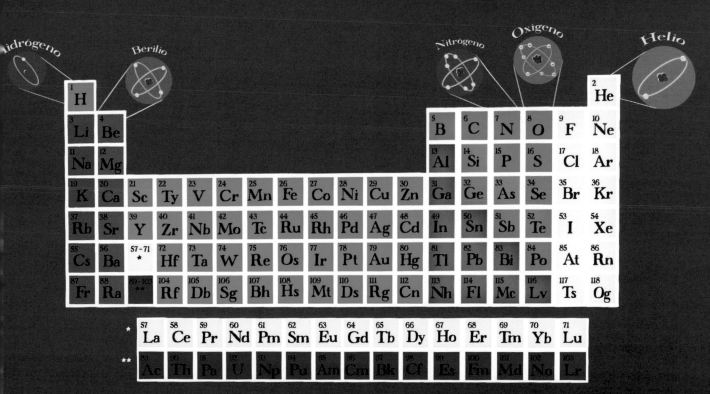

¿Ya descubrimos todos los elementos que podrían existir?

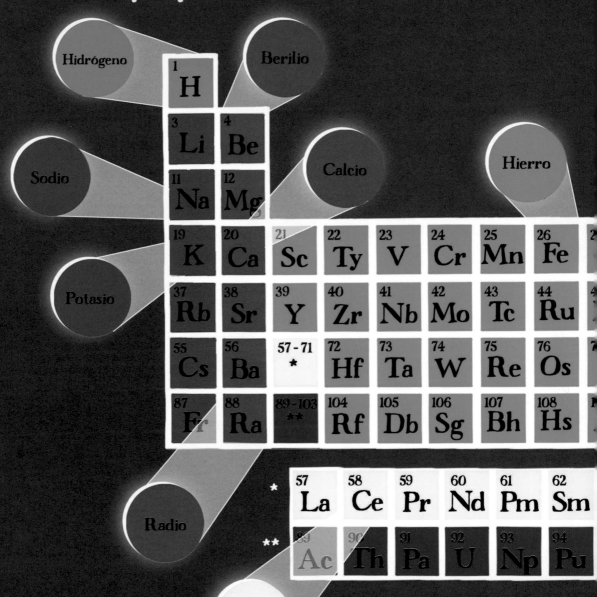

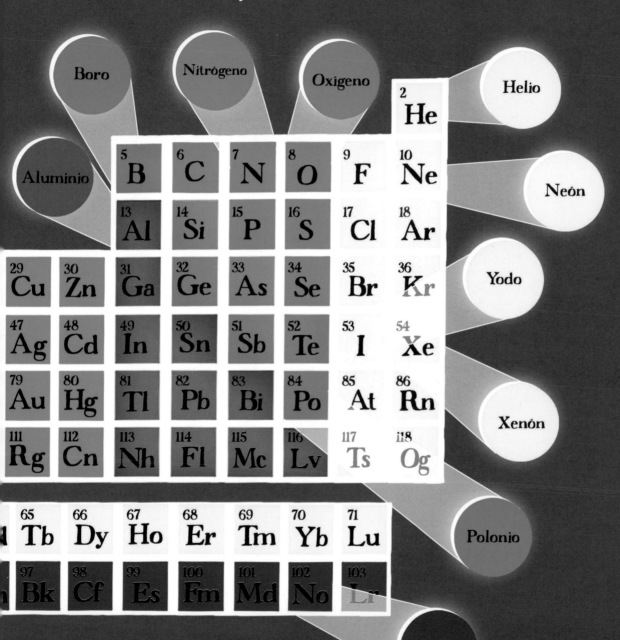

Boro

Nitrógeno

Oxigeno

Helio

Aluminio

Neón

Yodo

Xenón

Polonio

Nobelio

2 He					
5 B	6 C	7 N	8 O	9 F	10 Ne
13 Al	14 Si	15 P	16 S	17 Cl	18 Ar

29 Cu	30 Zn	31 Ga	32 Ge	33 As	34 Se	35 Br	36 Kr
47 Ag	48 Cd	49 In	50 Sn	51 Sb	52 Te	53 I	54 Xe
79 Au	80 Hg	81 Tl	82 Pb	83 Bi	84 Po	85 At	86 Rn
111 Rg	112 Cn	113 Nh	114 Fl	115 Mc	116 Lv	117 Ts	118 Og

65 Tb	66 Dy	67 Ho	68 Er	69 Tm	70 Yb	71 Lu
97 Bk	98 Cf	99 Es	100 Fm	101 Md	102 No	103 Lr

Ciclotrón

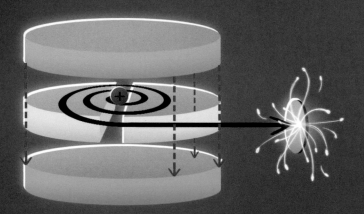

Dawn Shaughnessy está trabajando para encontrar elementos nuevos. Ella lidera un equipo de científicos que ha descubierto 6 elementos nuevos hasta ahora.

Usando un equipo de alta potencia llamado ciclotrón para aplastar y unir los átomos, ella observa si los átomos se mezclan para formar un elemento nuevo. Estos elementos no han sido vistos antes en la Tierra y puede tomar años probar que existen. ¡Algunos de ellos, como el livermorio, existen por menos de un segundo! Pero la mayoría de los elementos duran más tiempo antes de desintegrarse.

(Estados Unidos)

19

¿De qué elementos estoy hecha?

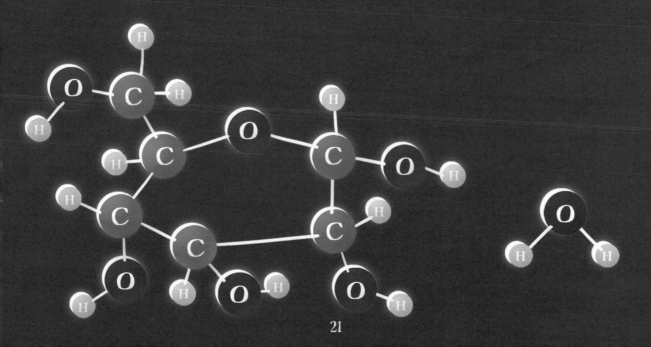

Tú estás hecha principalmente de oxígeno, carbono, hidrógeno, nitrógeno, calcio y fósforo.

Estos elementos se juntan para construir moléculas, las cuales forman las estructuras en tu cuerpo y pasan por millones de reacciones químicas.

Glucosa + $6O_2 \rightarrow 6CO_2 + 6H_2O$ + Energía

¿Qué son las reacciones químicas?

Una reacción química sucede
cuando los átomos y las moléculas se
combinan, se separan o se reorganizan.
Las reacciones químicas ayudan a tu
cuerpo a hacer cosas como respirar,
moverse y recibir energía de los alimentos.

Las reacciones son controladas por el ADN.
El ADN es la molécula que contiene la
información de todas las partes de tu cuerpo.

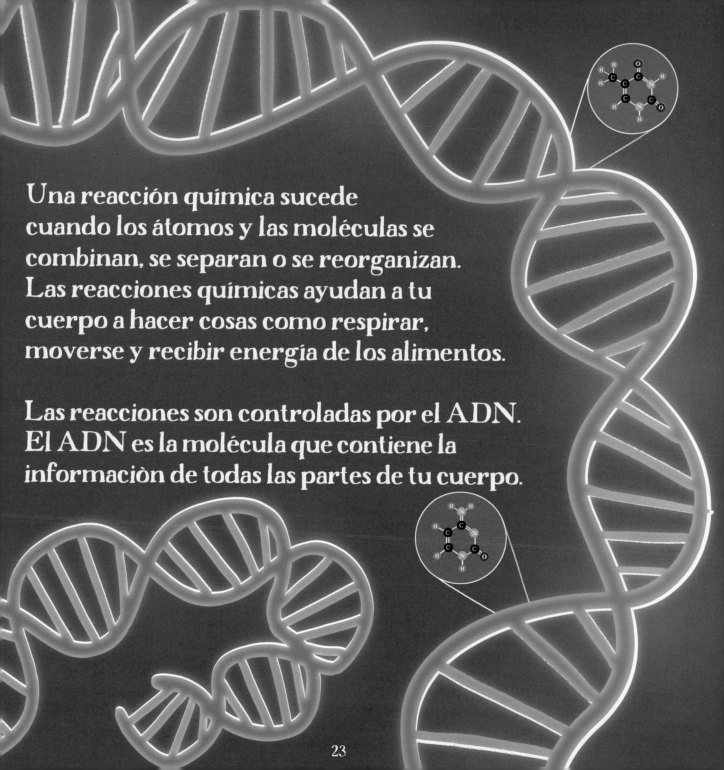

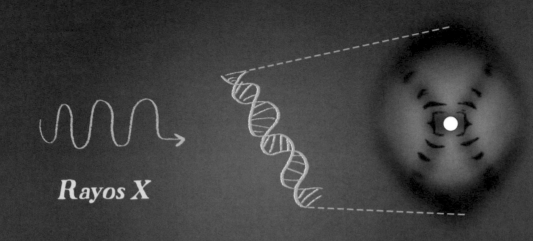

Rayos X

Patrón de rayos X del ADN

El ADN tiene la forma de una escalera retorcida
llamada la doble hélice, pero no sabíamos cómo se veìa
hasta que Rosalind Franklin pudo demonstrar su
forma y composiciòn. Ella se esmeró mucho por
tomar las mejores imágenes del ADN.

Algunas veces sus imágenes tardaban 24 horas para
estar listas. Sus imágenes del ADN ayudaron a los
científicos a entender cómo el ADN contiene la
información que es leída por nuestros cuerpos.

(Inglaterra, 1920–1958)

¿Cómo puede mi cuerpo *leer* el ADN?

Ada Yonath descubrió cómo nuestros cuerpos leen el ADN. Ella descubrió la forma y la química del ribosoma, una estructura dentro de nuestras células. Le tomó 20 años de experimentos e investigaciónes para poder entender cómo funcionan los ribosomas.

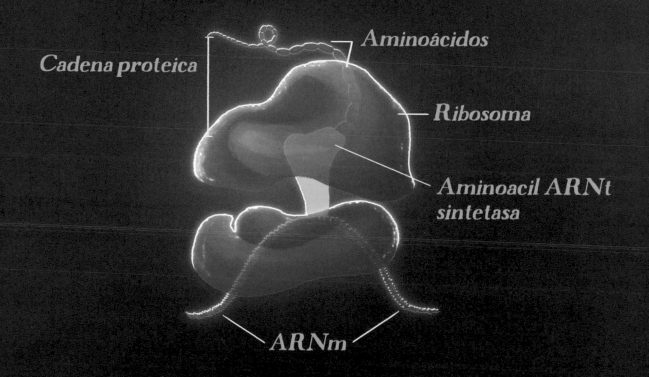

Cadena proteica

Aminoácidos

Ribosoma

Aminoacil ARNt sintetasa

ARNm

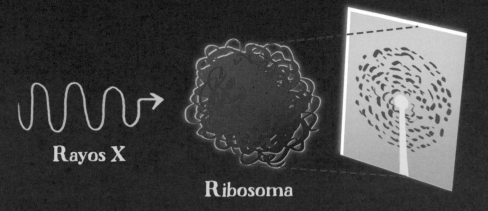

Placa Fotográfica

Rayos X

Ribosoma

Ada estudió las células especiales y usó una tecnología llamada cristalografía. Ella descubrió que nuestros cuerpos crean una copia del código en el ADN, llamada ARNm. Luego, una mitad del ribosoma lee las instrucciones del ARNm y la otra mitad sigue las instrucciones para formar las proteínas que construyen nuestros cuerpos.

Ada ganó un Premio Nobel por su trabajo ya que ayudo a explicar cómo están construidos todos los seres vivos como tú.

(Israel, 1939–)

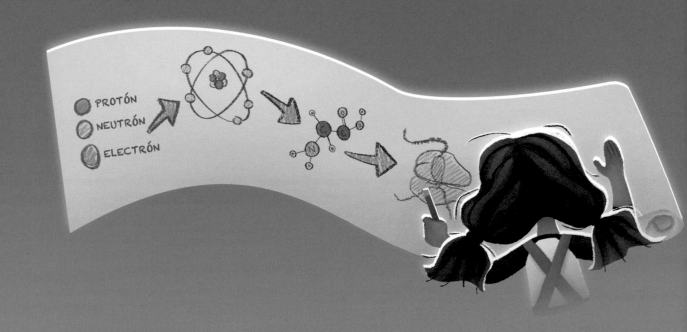

¿Cómo supo ella en dónde
buscar los ribosomas?

Ada se inspiró al leer sobre los osos polares. Durante el invierno cuando los osos polares hibernan, sus ribosomas se aprietan y se preparan para construir las proteínas en la primavera. Esta idea le ayudó a pensar a Ada en la forma del ribosoma y a obtener ideas nuevas para su experimento.

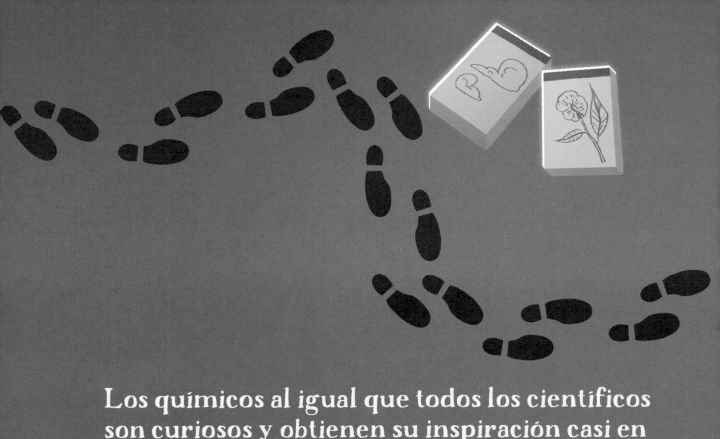

Los químicos al igual que todos los científicos son curiosos y obtienen su inspiración casi en cualquier parte.

Cada vez que hacen una pregunta, los lleva a preguntar otra.

¡Igual que yo! ¡Yo ya soy una química!

Si, lo eres. Cuando haces una pregunta y buscas una respuesta, ya eres una química.

Y esto es lo mejor:
¡El universo completo es tu experimento!

¿Puedes encontrar a...?

Cleopatra la Alquimista (cle-o-PA-tra)

Marie-Anne Paulze Lavoisier (mar-I ann pouls la-vou-si-EH)

Dawn Shaughnessy (don SHO-nes-si)

Rosalind Franklin (RO-za-lind FRANK-lin)

Ada Yonath (AH-dah YON-ah)

Glosario

ADN (ácido desoxirribonucleico): El plan genetico de todas las células que tienen todos los seres vivos tales como (las plantas, animales y los humanos). En consecuencia, el ADN es la proteina que compone el cuerpo y dirige su funcionamiento.

ALQUIMISTA: Es un persona de tiempos antiguos que intentaba transformar metales ordinarios en oro o plata. El alquimista también intentaba buscar la cura para todo tipo de enfermedades.

ÁTOMOS: Los bloques fundamentales que forman nuestro universo. Las distintas combinaciones de protones, neutrones y electrones forman diferentes tipos de átomos.

CÉLULAS: Son las unidades estructurales básicas de todos los organismos. Las células sostienen el equipo biológico que mantiene un organismo vivo y exitoso.

CICLOTRÓN: Es una máquina circular que acelera partículas cargadas eléctricamente, como los protones, a lo largo de un camino espiral. El ciclotrón es usado para colisionar partículas de alta velocidad.

CRISTALOGRAFÍA: Es una rama de la ciencia que estudia la disposición de los átomos en cristales, como sal o diamantes, que están hechos de patrones restringidos.

ELECTRONES: Son partículas muy pequeñas que tienen una carga negativa de electricidad. Los electrones se mueven al rededor del núcleo de cada átomo.

ELEMENTO: Un elemento es una sustancia compuesta de un tipo de átomo que usualmente no puede ser separado en otras substancias más simples.

ESTRUCTURA QUÍMICA: Es la manera que en la que los átomos se organizan dentro de una substancia.

EXPERIMENTO: Es un estudio para recolectar información acerca del mundo para ver si una hipótesis es correcta.

HELIX: Es un espiral largo, como un sacacorchos o una furtiva.

HIPÓTESIS: Es una suposición hecha por un persona para explicar algo que se piensa cómo verdadero o posible.

MASA: La masa es una medida de cuánta materia existe en un objeto. La masa es usualmente medida en kilogramos (1 kg = un poco más de 2 libras).

MATERIA: Todo lo que tiene masa y ocupa espacio.

MOLÉCULA: Un grupo de átomos que se enlazan juntos.

NEUTRONES: Son partículas muy pequeñas con ninguna carga de electricidad. Los neutrones se encuentran en la mayoría de los átomos.

PREMIO NOBEL: Es un conjunto de prestigiosos premios internacionales que ocurren anualmente y son reconocidos por la academia, cultura y los avances científicos. Los premios son nombrados por el científico Suizo Alfred Nobel y fueron otorgados por primera vez en 1895.

PROTEÍNAS: Moléculas parecidas a cadenas que están compuestas de partes pequeñas llamados aminoácidos.

PROTONES: Son partículas muy pequeñas que tiene una carga positiva de electricidad. Los protones se encuentran en el núcleo de cada átomo.

QUÍMICA: El estudio de la materia y los cambios que la misma.

RAYOS X: Son un tipo de radiación invisible de alta energía y de onda corta que pueden traspasar cualquier cosa haciendo que sea posible observar el interior de una cosa o un cuerpo sin la necesidad de abrirlo.

REACCIÓN QUÍMICA: Es el proceso donde la estructura de algo, tal como una molécula puede ser reorganizada.

RIBOSOMAS: Son estructuras con forma de esfera que se encuentran dentro de la célula la cual lee el mRNA de la célula (mensajero ácido ribonucleico) y crea proteínas.

TABLA PERIÓDICA: Es un diagrama que organiza los elementos químicos. Estos son organizados de acuerdo a su número atómico. El número atómico proviene de la cantidad de protones que posee cada elemento.

Ciencia abierta: Las mujeres en la química
Copyright © 2021 Genius Games, LLC

Written by Mary Wissinger
Illustrated by Danielle Pioli
Created and edited by John J. Coveyou
Translated by Michelle A. Ramirez
    and The Spanish Group, LLC
Special thanks to Milka O. Montes, Ph.D.
    and Camilla Hallman

Published by Science, Naturally!
Spanish paperback first edition • January 2021 • ISBN: 978-1-938492-32-7
Spanish eBook first edition • January 2021 • ISBN: 978-1-938492-33-4
English hardback first edition • 2016 • ISBN: 978-1-945779-10-7
    Second edition • November 2019
English paperback first edition • January 2021 • ISBN: 978-1-938492-31-0
English eBook first edition • 2016 • ISBN: 978-1-945779-13-8
    Second edition • November 2019

Enjoy all the titles in the series:
    Women in Biology • Las mujeres en la biología
    Women in Chemistry • Las mujeres en la química
    Women in Physics • Las mujeres en la física
        More titles coming soon!

Teacher's Guide available at the Educational Resources page of ScienceNaturally.com.

Published in the United States by:
    Science, Naturally!
        An imprint of Platypus Media, LLC
    725 8th Street, SE, Washington, D.C. 20003
    202-465-4798 • Fax: 202-558-2132
    Info@ScienceNaturally.com • ScienceNaturally.com

Distributed to the trade by:
    National Book Network (North America)
        301-459-3366 • Toll-free: 800-462-6420
        CustomerCare@NBNbooks.com • NBNbooks.com
    NBN international (worldwide)
        NBNi.Cservs@IngramContent.com • Distribution.NBNi.co.uk

Library of Congress Control Number: 2020018729

10 9 8 7 6 5 4 3 2 1

Printed in the United States of America